ÉDITIONS DE LA « REVUE DU PALAIS »

SOUVENIRS

D'UN

VOYAGE CLASSIQUE EN ITALIE

PAR

Eugène ALLAIN
Substitut du Procureur Général à Besançon

PARIS
AUX BUREAUX DE LA REVUE DU PALAIS
9, RUE BLEUE,
1905

SOUVENIRS D'UN VOYAGE CLASSIQUE EN ITALIE

ÉDITIONS DE LA « REVUE DU PALAIS »

SOUVENIRS

D'UN

VOYAGE CLASSIQUE EN ITALIE

PAR

Eugène ALLAIN
Substitut du Procureur Général à Besançon

PARIS
AUX BUREAUX DE LA REVUE DU PALAIS
9, RUE BLEUE, 9
1905

SOUVENIRS

D'UN

VOYAGE CLASSIQUE EN ITALIE

Cette année-là, troisième de mes voyages en Italie, je pris au moment du départ Pline l'épistolier sur un rayon de bibliothèque, estimant ne pouvoir choisir un compagnon plus agréable, ni de meilleur profit. Qui ne souhaite chez son compagnon de route, la bonne éducation, le bon caractère, l'intelligence fine, instruite, curieuse, et aussi rencontrer du cœur à l'heure utile ?

Pline est bien élevé, qualité rare parmi les Romains, ce peuple, ce très grand peuple de paysans — soldats ayant toujours péché par l'éducation. Après les devoirs de la conscience, il met immédiatement les devoirs du monde *officia :* courtoisie, aménité, visites, démarches, assistance aux lectures, aux prises de toge ou de laticlave, apposition de son cachet, un quadrige, sur les testaments et codicilles. Avec lui l'antiquité latine se revêt de toutes les politesses modernes, celles qui consistent à ne faire, à ne dire, à ne penser que « des choses honnêtes et délicates ». Il est gentleman dans ses actes et sa tenue, dans ses propos et ses écrits, dans le respect incessant de soi-même et des autres, dans le plaisir, qui juge une éducation, dans les joies, les sourires, les tristesses, jusque dans ses susceptibilités et ses colères; soit qu'il s'asseye à une table amie où rien ne devra être en surabondance, ni les convives, ni le luxe, ni les mets, ni même les conversations socratiques ; soit qu'il raille l'étourderie du jurisconsulte Javolénus interrompant par un coq-à-l'âne la lecture d'un poème; soit qu'il se lamente sur l'absence de Calpurnia, sa jeune femme, qu'éloigne la maladie; soit qu'il réponde *J'ai compris et je garde note* aux impertinences de Fabius Justus; soit qu'il proteste contre les suppositions injustifiées d'un manque d'égards envers deux vieillards, Fabatus l'aïeul, Spurinna le général; soit qu'il s'indigne contre les hypocrisies triomphantes de Régulus le délateur.

Et ses susceptibilités, ses colères sont si exceptionnelles, de si brève durée, qu'à vrai dire, son humeur reste constamment affable et égale. Fils unique, il a été entouré par ses parents de tendresses et de soins. Sa belle famille réunit toutes les conditions désirables : honorabilité, richesses, intelligence, affection. Sa femme l'aime et l'admire; elle est lettrée, musicienne, et vertueuse et économe. Il a hérité de son père, de son oncle, de sa mère, d'amis et d'admirateurs, d'une fortune qui n'est pas moindre de quatre millions. Il a traversé sans encombre les années sanglantes de Domitien; sous Nerva, il est trésorier militaire; sous Trajan, trésorier d'État, consul, membre du conseil privé, curateur du Tibre, augure, en attendant la légation de Bithynie. Il est l'avocat le plus apprécié, le plus écouté de son époque, et le plus estimé, le plus recherché, car il n'accepte d'honoraires ni directs, ni indirects. Lorsqu'il plaide au Sénat, l'Empereur se préoccupe de ses fatigues, lui recommande de ménager ses forces; les Sénateurs ne statuent sur le procès qu'après avoir décerné des éloges à son éloquence. Pour l'entendre on s'écrase à la basilique Julia; les Centumvirs suspendent l'audience afin de lui exprimer leur enthousiasme. Comme écrivain, l'intellectualité contemporaine, dont l'avenir infirmera la décision, le place sur la même ligne que Tacite; quand on parle des belles-lettres on les nomme ensemble. Comment, si doucement bercé par la vie, n'aurait-il pas bon caractère?

Il a de l'esprit jusqu'au bout des ongles; il en a tant qu'il en a trop. Sauf en droit théorique et en philosophie pure, il est fort instruit. Il a lu tous les poètes, tous les prosateurs, tous les orateurs, tous les moralistes de la Grèce et de Rome; fils adoptif d'un savant, s'il n'est pas un savant par lui-même, il s'inquiète des problèmes de la science et demande aux autorités compétentes de vouloir bien résoudre les questions qu'il se pose. Sa curiosité ne cesse d'être en éveil et n'excepte aucun sujet de la ville, de la campagne, de la nature, *res urbanae*, *res rusticae*, *res naturales :* la lecture inattendue du très noble Pison ou celle de Capito, le républicain du lendemain ; déclamations d'Isée qu'on ira entendre si l'on n'est ni de roc, ni de fer ; œuvres en portefeuille de Suétone l'hésitant qui, à force de limer, use, ne polit plus, d'Octavius Rufus qui fera douter de son cœur s'il continue à conserver pour lui les productions de son génie ; œuvres parues de Sentius Augurinus, Virginius Romanus, Antonin le consul, Passiénus Paulus, descendant de Properce qui ressemble à son aïeul en ses plus heureux jours d'inspiration ; maladie de Fannia contractée au chevet d'une vestale ; naissances des deux Helvidia qui causent la mort des deux mères; décès de Silius Italicus, à Naples, de Martial en Espagne, de Quadratilla l'octogénaire frivole, de Marcella Fundana fiancée de douze ans, grave comme une matrone, de Fannius laissant inachevés *Les Massacres de Néron*, de Julius Avitus expirant sur un navire loin de tous les siens ; fiançailles de Salinator, simple comme un enfant, enjoué comme un jeune homme, sage comme un vieillard ; mariage de la fille de Quintilien plus riche des biens de l'âme que des biens de fortune ; testament de Domitius Tullus qui n'est l'image ni de sa vie, ni de ses mœurs; plaidoiries retentissantes des plus distingués confrères: Tacite dont l'éloquence est caractérisée par la hauteur de la pensée et du mot, Calvisius Népos actif, disert et droit, Julius Africanus qui a plus de talent que d'adresse, Restitutus toujours sur le qui-vive et prêt à la riposte, Pompéius Saturninus aussi correct et élégant, quand il improvise que lorsqu'il prépare ; le cours des vins influencé par les déceptions de la vendange, celui des céréales influencé par la surabondance de la récolte ; le colonage substitué au fermage comme un remède à tenter alors que les fermiers ont cessé de payer ; les îles flottantes du Vadimon; la fontaine intermittente de Côme ; les débordements de l'Anio la plus paisible des rivières qui maintenant renverse les collines, abat les maisons, noie, estropie, écrase troupeaux, bouviers et châtelains.

Quant au cœur de Pline, il est assez vaste pour étendre ses limites au delà de la famille. S'il se montre le plus affectueux des maris, le plus attentionné des gendres, le plus déférent des fils, des petits-fils, le plus reconnaissant des neveux, le plus dévoué des cousins, il est également le meilleur des amis, des maîtres, des citoyens. Il répand ses bienfaits sur sa nourrice, sur la fille de Quintilien, sur Calvina et Corellia, sur Artémidore, Curianus, Métilius Crispus, Voconius Romanus, Martial, sur les jeunes comasques indigents de la classe libre dotés d'une caisse alimentaire de près de 90.000 francs. Il institue pour cent de ses affranchis une autre caisse alimentaire de 330.000 francs. Il respecte comme une propriété libre le pécule servile. Côme lui doit : une œuvre d'art *vraiment antique*, une bibliothèque, des écoles, des thermes, un banquet populaire annuel; Tifernum Tiberinum : un temple orné des statues impériales, un festin public qui en accompagne la dédicace. Enfin c'est sous sa plume que se rencontrent ces phrases d'une sensibilité si peu romaine : « Les larmes ont leur douceur... C'est le propre de l'homme d'être accessible à la douleur, de la ressentir et d'avoir besoin d'être consolé. »

A l'expiration des deux mois de la vie commune, je me félicitai plus encore d'avoir choisi pour cicerone un si galant homme. Voici ce qu'il me fit voir.

∴

Côme, patrie de Pline le Jeune, qui l'appelait *mes délices*, et de la famille de sa femme Calpurnia, revendique en outre Pline l'Ancien, à l'encontre de Vérone. La ville garde pieusement le souvenir des deux Pline. La rue principale, l'Institut technique, le superbe hôtel récemment construit par M. le député Pietro Baragiola, l'un des grands cafés, le plus beau bateau de la Compagnie Lariana qui fait le service du lac, la bicyclette la plus élégante et jusqu'à la pipe la plus originale, portent le nom de Pline. Le Palais des Études est orné des bustes modernes de l'oncle et du neveu. Leurs deux statues, œuvres de Amuzio de Lurago, occupent des niches somptueuses aux deux côtés extérieurs de la porte d'entrée de la cathédrale. Aux pieds du neveu, on lit un hommage, en latin, d'admiration et de gratitude dû à la plume de Benoît Jove. Voyant son rêve réalisé, Pline le Jeune ajoute à ses épîtres ce post-scriptum d'outre-tombe :

J'étais décédé — mais je vivais alors dans l'auréole d'une gloire ancienne. J'étais mort — et maintenant je vis également moi-même. En vain l'autorité ecclésiastique réprouva ces intrusions anormales au milieu des prophètes et des saints ; en vain, elle offrit aux municipalités successives d'importantes compensations pécuniaires pour obtenir le déménagement des païens, les Comasques ne laissèrent, ne laisseront jamais porter la main sur l'œuvre de 1498.

Dans une masure de Côme, Benoît Jove découvrit une inscription tronquée concernant Pline le Jeune ; elle est encastrée dans le mur de la cathédrale qui longe la rue *Maestri Comacini.* Il avait encore pu lire sur les marches de l'église Santa Maria un très court fragment d'une deuxième inscription aujourd'hui perdue dont il nous a transmis le texte dans un manuscrit (1496) resté inédit.

Au XVIe siècle, dans le voisinage de l'église San Fedele, qui s'est probablement substituée au temple de Jupiter enrichi par Pline d'un bronze corinthien, on exhuma une tête de marbre blanc, fragment d'une statue antique dont la hauteur devait dépasser deux mètres. Suivant certains érudits, cette tête, réclamée par d'autres pour Jules César, serait celle de Pline le Jeune. Elle est conservée au Musée civique qui possède en outre deux colonnes provenant, dit-on, de la *Comédie* (villa de Pline) et peut-être un fragment du portique donné à Côme par Calpurnius Fabatus. On croit rencontrer d'autres vestiges de ce même édifice dans la colonnade corinthienne en marbre cipolin du Palais des Études. C'est ce palais qui renferme la bibliothèque municipale, héritière de la bibliothèque plinienne. MM. les Conservateurs Fossati et Scolari ont bien voulu à ma demande grouper dans une salle spéciale les œuvres émanées de Pline le Jeune ou le concernant. J'ai eu le plaisir de leur offrir environ 200 volumes ou brochures pour compléter la très précieuse collection, et le grand honneur de remercîments particulièrement gracieux du Conseil municipal.

En 1692, le minutieux Tillemont notait cette légende bien démonstrative de la perpétuité des souvenirs pliniens : « On dit qu'il reste à Côme quelque chose de l'Institution alimentaire de Pline. » Disons quelques mots de ces Institutions ou Caisses alimentaires. A la fin de son règne très court, Nerva avait résolu d'aider les parents pauvres de la classe libre à élever leurs enfants. Il avait imaginé la combinaison suivante. Le fisc prêterait sur hypothèque, par l'intermédiaire des municipalités, aux propriétaires ruraux désireux d'améliorer leurs terres ; les emprunteurs paieraient un intérêt très modéré, en général 2 1/2 0/0, ne dépassant pas dans tous les cas 5 0/0. Avec ces intérêts, on constituerait des caisses alimentaires. Si l'État perdait ainsi l'intérêt de son argent, il obtiendrait du moins un double résultat : encourager l'agriculture, assurer le service d'une œuvre de bienfaisance. Il est vraisemblable que, aux yeux de Nerva, ces caisses alimentaires étaient presque exclusivement destinées aux enfants mâles, futurs citoyens, futurs soldats. Ce qui est certain, c'est que lorsque Trajan mit à exécution le projet de son prédécesseur, il n'alloua aux filles qu'une part minime. Quant à Pline, mû par une pensée charitable encore plus que politique, il ne distingua pas entre les *pueri* et les *puellae* du peuple urbain. Sa lettre à Caninius rend compte en ces termes de son opération : « J'avais pro- « mis 500.000 sesterces pour subvenir aux besoins de jeunes « garçons et de jeunes filles de naissance libre. J'ai vendu « par vente simulée au représentant de la Cité une terre dont « la valeur dépassait de beaucoup 500.000 sesterces. Je la « repris ensuite grevée d'une rente annuelle et perpétuelle « de 30.000 sesterces. Le capital est donc assuré à l'État, et « le revenu n'est point incertain ; la terre, qui est d'une « valeur bien supérieure, trouvera toujours un maître pour « la cultiver. Je n'ignore pas que ma donation est beaucoup « plus considérable qu'elle ne le paraît, parce que la rente « dont cette terre magnifique est grevée lui ôte de son prix. « Mais il faut faire passer l'intérêt public avant l'intérêt « privé. »

Comme l'écrivait Janin, Pline demeure le roi du Larius, du lac resplendissant de Côme. A chaque pas on le retrouve sur ses frais rivages, sous ses ombrages séculaires. Dans le faubourg Vico, voici la villa de l'Olmo, palais des Odescalchi-

Raimondi ; là était le portique d'éternel printemps où l'épistolier suppliait Canintus de consacrer aux lettres ses veilles, son sommeil même. Suivons le faubourg Coloniola. Voici la villa Plinio, voici la villa Plinianina « qui se dresse solitaire sur une pente ombragée. » A Torno nous sommes à la villa Pliniana, qui reçut Bonaparte après sa victoire de Rivoli, qui fut la résidence préférée de Christine Trivulzio, princesse Belgiojoso, la spirituelle héroïne du patriotisme romanesque envers laquelle Musset se montra si injustement cruel :

Elle est morte et n'a point vécu ;
Elle faisait semblant de vivre.
De ses mains est tombé le livre
Dans lequel elle n'a rien lu.

A l'entrée du parterre est gravée la lettre de Pline à Licinius Sura : « Une fontaine prend sa source dans une « montagne, coule entre deux rochers, passe dans une salle « à manger, s'y arrête, puis tombe dans le lac de Côme. La « merveille c'est que trois fois par jour elle s'élève et « s'abaisse régulièrement. On s'assied sur le bord, on y « mange, on boit même de son eau, car elle est très fraîche, « et on la voit à temps fixes monter ou se retirer... » La fontaine existe avec les mêmes intermittences d'il y a dix-huit cents ans, alors que le régime des sources analogues est en général fort irrégulier. A Bellagio, sur le versant ouest du promontoire qui sépare le Larius en deux bras, à Lenno, sur la rive opposée, non loin du restaurant Plinio, voici les villas Serbelloni et Carové qui ont succédé à *la Tragédie* et à *la Comédie* : « J'ai sur les bords du Larius plusieurs vil- « las; mais deux entre autres me donnent et plus de plaisir « et plus d'embarras. L'une s'élève sur des rochers et « domine le Larius ; l'autre est baignée par ses eaux. J'ap- « pelle donc habituellement l'une *la Tragédie*, l'autre *la* « *Comédie*, parce qu'elles semblent avoir chaussé, la pre- « mière, le cothurne, la seconde, le brodequin. De l'une, « vous voyez pêcher ; de l'autre, vous pouvez pêcher vous- « même, sans sortir de votre chambre et presque de votre « lit. »

Après lecture de Mommsen, je croyais n'avoir qu'à me présenter au Musée de Bréra pour copier l'inscription que les Vercellenses, habitants de Vercelli dans le Piémont, érigèrent en l'honneur de Pline. Découverte par Alciat à Jecchio, hameau de Cantù près Côme, puis copiée en 1532 par un consciencieux mandataire de B. Jove, la pierre fut ultérieurement transportée à Milan. On la divisa en deux morceaux qui passèrent dans des collections différentes. Ces deux morceaux sont aujourd'hui réunis. Mais depuis quelques jours les monuments antiques ont été transférés ailleurs; aucune des personnes, auxquelles je m'adresse en l'absence des conservateurs, ne connait leur résidence actuelle. Je demande le renseignement à la bibliothèque ambrosienne; on m'envoie au musée Poldi Pezzoli, musée de tableaux, d'armes, de tapis, de parures étrusques, de boiseries, de marqueteries qui ne possède pas la moindre pierre. De guerre lasse, j'adopte le parti de passer la journée à l'Ambrosienne, puis à Bréra. Sinon par ses 160.000 volumes, du moins par ses 15.000 manuscrits et ses palimpsestes, l'Ambrosienne est l'une des plus riches bibliothèques du monde. L'Abbé qui surveille la salle de lecture veut bien me mettre à même de consulter d'abord six manuscrits des lettres de Pline, sans grand intérêt, car ils ne remontent qu'au XVIe siècle, puis l'inestimable palimpseste, de Bobbio, (VIe ou VIIe siècle) découvert en 1815 par Angelo Maï, lequel contient trois feuillets du *Panégyrique de Trajan.* Le palais de Bréra renferme une galerie de tableaux, un observatoire, un institut, un cabinet de numismatique, enfin une bibliothèque avec 200.000 volumes et divers manuscrits parmi lesquels *le Codex Patavinus,* manuscrit du Panégyrique (XVe siècle) enlevé au monastère Sainte-Justine de Padoue. Et le lendemain, sur indications nouvelles, je recherche ma pierre plinienne au Castello Sforzesco. Guidé par un huissier sans expérience, j'inspecte successivement toutes les salles, tous les corridors, tous les portiques du Palazzo ducale; je vais du monument Visconti au monument de Gaston de Foix, d'un Van Dyck à un Greuze, de l'étendard de Saint Ambroise à des chasubles, de médailles à des bronzes, de meubles à des tapisseries, et ne parviens à entrevoir mon marbre qu'à l'heure de la fermeture. Mais très aimablement, M. le D. Solone Ambrosoli, conservateur du cabinet des médailles de Bréra, me donne l'assurance qu'il calquera pour moi l'inscription avec le haut concours de M. le Chevalier Forcella l'un des plus éminents épigraphistes milanais.

Les Comasques du deuxième siècle posèrent à l'entrée des thermes qu'ils devaient à la générosité de leur compatriote, une inscription reconnaissante. Elle fut au moyen-âge, soit en 950, soit en 1127, dérobée par les Milanais et placée dans la basilique Saint-Ambroise. On scia le marbre en quatre pour servir de sarcophage à quelque haut personnage. Pénétrant dans le monument, Cyriaque d'Ancône, en 1442, puis Alciat lurent l'inscription, la copièrent, l'interprétèrent, la complétèrent avec une inexpérience qu'a rectifiée Mommsen. Soixante ans après la mort d'Alciat, corps et tombeau étaient disparus. Au cours de réparations exigées par une construction du XIIe siècle on a retrouvé, en 1858, l'un des morceaux du marbre, aujourd'hui encastré dans l'un des murs de l'*atrium* qui précède l'édifice. Je n'ai pu le photographier que très difficilement, en échafaudant les unes sur les autres toutes les chaises de la basilique qui en contient fort peu, comme généralement les églises italiennes.

Minucius Acilianus, de prestance sénatoriale et de teint vermeil, qui épousa la fille de Rusticus Arulénus, l'une des victimes de Domitien, Maxime, qui donna à ses compatriotes des combats de gladiateurs pour honorer la mémoire de sa femme récemment décédée, Serrana Procula, prodige d'austérité dans la ville la plus austère, Arrianus Maturius qui jamais ne sollicite les faveurs gouvernementales, mais les accepte avec empressement pourvu qu'elles aient de l'éclat et pas d'ennuis, m'emmenèrent jusqu'à l'Adriatique par Brescia, Vérone, Padoue, Altino.

La bibliothèque laurentine à Florence possède trois manuscrits des Lettres de Pline : le *Mediceus*, de tous les manuscrits des Lettres le plus ancien (IXe ou Xe siècle) ; le *Florentinus* (XI) ; le *Riccardianus* (XIe ou XIIe). Ce dernier a son histoire, la même que celle du *Pentateuque* de Lyon si énergiquement, si habilement revendiqué par M. Léopold

Delisle. A chaque visite de Guillaume Libri dans les bibliothèques de France et d'Italie, on constatait la disparition de quelque pièce rare. Longtemps les soupçons n'osèrent se porter sur un membre de l'Académie des sciences, inspecteur général de l'Instruction publique, l'une des colonnes du gouvernement voltairien de juillet. Finalement convaincu de vols, en suite d'une minutieuse information étayée sur une expertise des plus savantes, Libri fut condamné par contumace à dix années de réclusion qu'il alla purger en Angleterre où l'aristocratie l'accueillit comme un martyr. A ce martyre croyait d'ailleurs Mérimée lui-même qui paya sa conviction, aussi sincère que malencontreuse, de la peine excessive de quinze jours d'emprisonnement, outre mille francs d'amende, pour offenses à la magistrature. En 1832, après un passage de Libri à la Riccardiana, le *Riccardianus* devint introuvable ; il était allé rejoindre au delà de la Manche les autres vols entre les mains de l'acquéreur ordinaire, le Comte John d'Ashburnham, pair du royaume. Au décès du Comte, l'Italie l'a racheté à grand prix. Son identité a été établie d'une façon irréfutable par M. Havet [dont la science si haute et si obligeante voulut bien initier mon ignorance de profane aux mystères compliqués de la prose métrique de Pline le Jeune ; je croirais manquer à un devoir si je ne le rappelais en passant.] Feuilletant le *Riccardianus*, j'éprouvais la joie de penser que, dans une affaire strictement judiciaire dont se mêlaient abusivement les passions politiques et religieuses, la justice n'avait pas cette fois commis de ces erreurs qui froissent la conscience humaine, bouleversent la paix sociale d'un pays.

Città di Castello, ville ombrienne aux frontières de l'Étrurie, s'élève sur l'emplacement de *Tifernum Tiberinum* rasé par Totila. Tifernum est ce municipe qui choisit pour patron Pline encore dans l'enfance, qui fêtait ses arrivées, s'affligeait de ses départs, se réjouissait de tous ses succès de carrière, qui lui confia sa première cause, en 80, et loin de payer des honoraires en reçut de son avocat. Pline tenant pour honteux de se laisser vaincre en affection, gratifia ses clients d'un temple, de statues et d'un banquet.

Avec les vestiges de la *Félicité*, commencée en 99, inaugurée en 100, fut édifiée en 1012 la cathédrale de S. Floride qui gardait encore, il y a quelque vingt ans, trois superbes colonnes provenant de son ancêtre. Des fabriciens sans littérature les vendirent à un millionnaire étranger pour subvenir à la dépense de quelques réparations urgentes. Mais le souvenir de Pline n'est point parti de Città avec les trois colonnes. Le palais communal renferme deux inscriptions latines, de 1811 et de 1829, célébrant le bienfaiteur. Sous la domination française, l'Académie *dei Liberi* y tint une séance solennelle « in onore di Caio Plinio Secondo benefattore e protettore dell'antico Municipio Tifernate. » Et le 29 décembre 1902 le Conseil municipal a pris cette délibération : « Secondando il nobile esempio del Signor Cav. Allain e la « sua ammirazione per il grande e fortunato giureconsulto « romano, e con lo scopo di tener vivo nella cittadinanza il « ricordo dell'antico patrono e de più illustre personaggio « cui sia legata la nostra storia, *Delibera*: 1° di dare il nome « di Plinio il Giovane alla Via Borgo Inferiore. 2° d'intitolare « a Plinio il Giovane il Ginnasio reale pareggiato. »

Dans le voisinage de Tifernum Tiberinum, à environ cent cinquante milles nord de Rome, Pline avait en territoire toscan une villa considérable qu'encadraient des terres affermées plus de 70.000 francs. Entre la banlieue de Città di Castello et celle d'Anghiari, dans un rayon d'une vingtaine de kilomètres, on rencontre une douzaine de localités qui depuis des siècles se disputent cette villa. L'érudition actuelle hésite entre la Pieve di Micciano, territoire d'Anghiari, la Torre di Plinio, territoire de Sansepolcro, la Colle di Plinio, paroisse de Passerina, particulièrement entre les deux dernières.

Ce conflit délicat me paraît devoir être tranché en faveur de la Colle di Plinio dont, en 1900, M. Gamurrini a exposé les titres justificatifs avec science, chaleur et clarté. Je ne formulerai qu'une observation au sujet de cet argument : « En curant le ruisseau contigu on a découvert plusieurs morceaux de terre cuite portant la marque *C. P. C. S.*, c'est-à-dire les initiales mêmes de Pline : *Caius Plinius Caecilius Secundus.* » J'ai soumis l'estampage de la terre cuite à M. Cagnat, membre de l'Institut, professeur d'épigraphie

latine au Collège de France qui m'a répondu : « Des inscrip-
« tions de cette sorte ne peuvent s'expliquer avec certitude
« que lorsqu'on a trouvé les initiales remplacées sur des bri-
« ques de même provenance par tout ou partie du nom
« qu'elles veulent représenter. Jusque-là on peut tout sup-
« poser, rien avancer. Au surplus dans le cas actuel les ini-
« tiales ne sont pas toutes séparées par des points. Il y a
« *C.P C. S* ; ce qui paraît indiquer deux noms différents,
« deux Caecilius par exemple, portant le premier un surnom
« en *P*, le second un surnom en *S*. »

Quel accueil empressé, charmant, inoubliable j'ai reçu en ces différents endroits ! M. de Magherini-Graziani inspecteur général des monuments publics, a complété par un ensemble de photographies artistiques mes investigations à la *Pieve di Micciano* ; M. de Giovagnoli, sans s'inquiéter d'une chaleur tropicale, m'a accompagné dans la visite de son domaine de la *Torre di Plinio*, puis il m'a admis à sa table de famille ; M. Eugenio Mannucci, le très distingué archiviste de Città, m'a communiqué pour la *Colle di Plinio* tous ses plans et documents ; le vieux régisseur Francesco Paoli m'y a conduit à tous les lieux de fouilles ; M. le marquis Capelletti, le propriétaire, m'a fait présent de mosaïques de terres cuites, de fragments de statues.

Ce n'est point par le luxe que brillait la villa toscane de Pline, les minutieuses descriptions du châtelain n'attirant notre attention ni sur un bronze, ni sur un tableau, ni sur une statue, ni sur un marbre, négligeant entièrement le mobilier. Site délicieux et confort exceptionnel constituaient son double agrément. « Vous éprouverez un plaisir extrême
« à contempler l'horizon. Vous croirez voir, non la réalité
« d'un paysage, mais la peinture d'un site enchanteur. Un
« immense amphithéâtre tel que la nature seule peut en
« créer ; de hautes et antiques forêts couronnant les mon-
« tagnes ; une longue et large draperie de vignobles ; des
« prairies, des champs, des prés émaillés de fleurs toujours
« aussi tendres, aussi fraîches que si elles venaient d'éclore ;
« d'intarissables ruisseaux ; le Tibre au milieu de la cam-
« pagne ; l'Apennin au loin ; un coteau qui s'élève par une
« pente si insensible que l'on s'aperçoit que l'on est monté,

« sans avoir senti que l'on montait ; une exposition presque « entièrement au midi ; une brise qui n'est jamais ni vive, « ni violente ; l'été d'une douceur merveilleuse... » Quoique signé par un propriétaire, ce tableau n'est que peinture exacte et fidèle.

Quant au confortable, il révèle une ingéniosité, un sybaritisme qui font sourire. D'innombrables pièces répondent à tous les besoins du corps, à tous les désirs, à tous les caprices de l'esprit ou de l'âme : Portiques d'hiver jouissant du plein soleil, portiques d'été fuyant tous les rayons ; piscines chaudes, piscines tièdes, piscines froides ; chambres à rêver que bercent les bruissements légers des jets d'eau en cascades ; chambres à travailler qui verdoient ombreusement au voisinage des platanes très proches ; chambres à dormir où ne pénètrent ni jour, ni clameurs, ni sons ; appartements d'été prémunis contre le soleil, appartements de printemps et d'automne qui le sollicitent, l'emprisonnent, appartements d'hiver chauffés au calorifère ; salles à manger d'intimité et salles à manger d'apparat dont les larges fenêtres laissent pour ainsi dire entrer la vigne. Lorsque le maître est joyeux, il séjourne dans la partie de la villa qu'égaient les vues savamment ménagées sur le parc et la profusion de la lumière ; lorsqu'il se sent mélancolique, il fait appel aux chambres, aux cabinets de demi-jour, de demi-teintes ; pour les heures de tristesse ou de recueillement, il s'est préparé des retraites inaccessibles à l'importunité du visiteur, de l'esclave ou de l'affranchi.

« Quelle abondance dans vos villas d'Otricoli, de Narni, « de Carsulæ, de Pérouse ! Une lettre de moi, et si courte, « si ancienne (car une lettre de vous n'est même plus néces- « saire) suffit pour m'assurer pareille réception ! C'est à « croire vraiment que je suis chez moi non moins dans vos « domaines que dans les miens. J'y vois pourtant une diffé- « rence ; vos gens me servent avec plus d'attention et d'em- « pressement chez vous que les miens chez moi. » Ainsi écrivait Pline se rendant de Rome en Toscane par ces agréables étapes, ainsi écrivait Pline à sa toute gracieuse belle-mère Pompéia Célérina dans la bourse de laquelle il puisait, dit-il ailleurs, comme dans la sienne propre. Pérouse n'a pas conservé la villa de Pompéia ; elle s'en console avec le tombeau étrusque des Volumnii, l'œuvre immortelle du Pérugin et de son école. Sur la via flaminia, aujourd'hui délaissée, à dix milles au nord de Narni, à mi-chemin entre San Gemine et Acqua Sparta, subsistent de très nombreux vestiges de la ville ombrienne de Carsulæ, notamment les ruines d'un amphithéâtre et un arc de triomphe érigé à Trajan. De cette plaine jonchée de débris s'élève une mélancolie profonde ; on ressent l'impression d'un cimetière qui remplirait l'horizon. Pie IX avait commencé des fouilles ; rien n'indique qu'on projette de les continuer. La Narni moderne, petite ville de 3.000 habitants, s'est maintenue sur l'emplacement de la Narnia (à 56 milles de Rome), décrite par Martial si exact dans ses descriptions : « Narnia qu'un « fleuve blanchissant entoure de ses abîmes sulfureux ; « Narnia dont un double mont semble fermer l'accès. » Elle est pittoresquement perchée sur un rocher que baigne la Néra se frayant un passage vers le Tibre à travers une gorge étranglée. On ne me parle que de l'Empereur Nerva et du condottiere Gattamelata, originaires de la cité ; on y a oublié Pline et Pompéia Célérina. A 10 kilomètres d'Orte, l'une des stations de la ligne du chemin de fer de Florence à Rome, j'atteins péniblement, par des sentiers coupés de ruisseaux, l'Otricoli qui dut à sa position sur la via flaminia une telle prospérité que les inscriptions la qualifiaient de *splendidissima civitas*. Ce n'est plus qu'un bourg d'assez mince apparence. A deux milles du village moderne, dans la plaine arrosée par le Tibre, des fouilles effectuées en 1780 ont mis à jour sur une large étendue les substructions de plusieurs monuments publics. C'est là qu'on découvrit le buste de Jupiter, dit Jupiter d'Otricoli, transporté au Musée Pio Clementino du Vatican, la plus remarquable tête du Dieu que nous ait léguée l'antiquité.

On trouvera maintenant à Narni et à Otricoli la rue *Pline* ; je renouvelle ma vive gratitude aux deux municipalités.

« Du pied d'une petite colline couronnée d'antiques « cyprès, jaillit la source du Clitumne, si pure et si limpide « qu'on peut compter les pièces de monnaie qu'on y jette,

« les cailloux qu'on y voit reluire. A peine sortie, elle « devient un grand fleuve navigable où se rencontrent « sans obstacles les bateaux qui montent et ceux qui descen- « dent. Ses rives sont bordées de frênes et de peupliers réflé- « chissant si clairement au fond de l'eau leur verdoyante « image qu'il est aisé d'en calculer le nombre. Près de là est « un temple antique et vénéré. Le Clitumne lui-même y « paraît couvert et orné de la prétexte. C'est un Dieu secou- « rable qui dévoile l'avenir et rend des oracles. Le temple « est entouré de chapelles dont quelques-unes ont leurs « fontaines : car, outre la principale qui est comme la mère « des autres, il s'en trouve encore plusieurs dont la source « est différente, mais qui se perdent dans le fleuve. » Le Clitumne qui prend sa source à quelques kilomètres de Spolète, dans l'une des plaines les plus admirées de l'Italie centrale, fut l'objet d'un pélerinage très fréquenté de l'antiquité. Le Dieu acceptait uniquement le sacrifice des taureaux blancs ; aussi n'élevait-on qu'eux dans les pâturages voisins. D'où une superstition fort répandue. Le peuple avait la conviction que tous les taureaux devenaient blancs ou tout au moins produisaient une race de cette couleur lorsqu'ils s'étaient baignés dans les ondes sacrées. Après avoir jeté dans la rivière des pièces de monnaie en offrande à la divinité, les dévots chantaient autour du sanctuaire les refrains des litanies liturgiques « Jupiter Clitumnus, Jupiter Clitumnus, divus, divus pater... », puis allaient consulter l'oracle. Et les très nombreux prêtres desservants du culte suffisaient à peine à l'enroulement mystérieux des réponses divines sur les bâtons enrubannés. Le fleuve n'est plus qu'un ruisseau, un ruisseau très limpide dans un cadre demeuré très gracieux. Les tremblements de terre survenus au ve siècle ont modifié le cours des multiples sources qui l'alimentaient ; ils ont en outre renversé le temple et son cortège de chapelles. Mais les chrétiens érigèrent aussitôt, avec une partie des ruines, un édicule religieux où se continuent les pélerinages transformés. Sur la façade est gravé : « Ce temple dédié à Jupiter Clitumnus a été consacré au très-saint Sauveur par l'église régnant en paix sur toute la terre. » L'intérieur renferme la défense expresse (elle est observée) d'écrire sur les colonnes et sur les murs, alors que Pline pouvait convier son ami Romanus « à lire les innombrables inscriptions tracées sur toutes les colonnes et tous les murs en l'honneur de la source et du Dieu qui y préside. »

Mon ordinaire requête plinienne a rencontré à Spolète une résistance — c'était la première — que je n'avais pas prévue. Le conseil municipal vota à l'unanimité que les principaux passages de l'épître à Romanus seraient gravés sur un marbre *alle fonti del Clitunno* ; mais la rue *San Lorenzo* ne fut débaptisée au profit de Pline qu'à une très faible majorité (a piccolissima maggioranza). Les opposants firent valoir que s'il fallait donner des noms de rue à tous les écrivains anciens et modernes qui avaient célébré les sources, la ville actuelle n'y saurait suffire ; qu'au surplus le grand poëte vivant Joseph Carducci aurait dans ce cas le premier des titres, car il avait fait connaître au public un lieu classique dont s'occupaient seuls les érudits ; qu'enfin le seigneur Allain se serait pleinement contenté du marbre de la rivière : « Il Signor Cav. Allain si sarebbe plenariaménte contentato della lapide alle sorgenti del fiume ». En quoi les opposants se trompaient ; mon contentement n'eût été que partiel puisque mes démarches auprès du Syndic tendaient aux deux fins réunies.

Calpurnius Fabatus, l'aïeul de Calpurnia, possédait un important domaine à Ameria, municipe ombrien au delà du Tibre, sur la route de Spolète à Narni, à deux heures de cette dernière ville. Sauvée, dit une inscription à la porte d'entrée « du tremblement de terre de 1523 par l'intercession de la Vierge Marie », ceinte de très curieuses murailles cyclopéennes, l'Amelia moderne occupe le même emplacement que l'Ameria antique, ce qui vaut sans doute à ce bourg de 2.000 habitants l'honneur inespéré d'être siège épiscopal. Fabatus chargea son petit gendre, au cours d'un voyage à Tifernum Tiberinum, de jeter sur ses fermes un coup d'œil d'inspection. En exécutant sa mission, Pline découvrit le Vadimon. « On me montra dans un fond un lac « nommé Vadimon au sujet duquel on ajouta des récits « incroyables. Je m'approchai. Il a la forme d'une roue « couchée et présente un cercle parfait. On dirait qu'une

« main d'artiste l'a creusé. Sa couleur est plus pâle que le « bleu foncé, plus foncée que le vert pâle. Son eau a « l'odeur du soufre et une saveur médicinale ; elle solidifie « les fractures. Quoiqu'il soit de faible étendue, il subit l'in- « fluence des vents et ses flots se soulèvent. Çà et là flottent « des îles toutes vertes de roseaux et de joncs. Parfois elles « s'unissent et se lient, constituant ainsi une sorte de con- « tinent ; parfois, en temps calme, elles voguent séparément. « Les troupeaux s'avancent fréquemment en broutant les « herbes jusque dans ces îles qu'ils supposent la fin du « rivage et comprennent seulement la mobilité du sol lors- « que, arrachés de la côte, ils se voient avec stupéfaction « environnés du lac de tous côtés. Bientôt ils abordent où le « vent les porte et ils ne sentent pas plus leur débarque- « ment que leur embarquement. » Aussi stupéfié que les troupeaux, le promeneur déclarait n'avoir jamais vu pareil phénomène, n'avoir même jamais entendu dire qu'il en pût exister de semblable. Cependant, les lacs enfermés dans un ancien cratère, ce qui était évidemment le cas, et les îlots flottants sont assez fréquents en Italie. Ces îlots prennent naissance dans les vallées inférieures des fleuves dont la pente est trop faible et sont formés par l'agglomération de débris d'arbres, de racines, de joncs, de grosses herbes arrachés aux rives. Des hauteurs du village de Bassanello (là également Pline a aujourd'hui sa rue) on domine entièrement les lentes sinuosités du Tibre et ce qui subsiste du Vadimon. La majeure partie en est devenue souterraine, le surplus est presque totalement recouvert d'une croûte de terre.

Centum-Cellae, le palais des Cent Chambres, actuellement Civita-Vecchia, avait été fondé par Trajan et aussi appelé pour ce motif *Portus Trajani*. C'est Pline qui nous raconte les premiers travaux d'établissement de ce port de Rome : « Le golfe est converti en port. La pointe gauche est renforcée par un ouvrage des plus solides; on travaille à la pointe droite. Ce port aura, et a déjà le nom de son fondateur. Il sera de la plus grande utilité, car le rivage inabordable sur une longue étendue, profitera de ce refuge. » Du palais lui-même, il ne reste que la très courte description de l'épistolier : « Le site est fort agréable. La villa très belle est entourée de campagnes toutes vertes. Elle domine le golfe.» Sur la hauteur on rencontre encore quelques ruines dites *thermes de Trajan*; les bains de la ville portent le nom de ce prince. Pendant trois jours, Pline siégea à un conseil privé tenu à Centum-Cellae pour y juger des affaires de bien médiocre importance : Procès de Trébonius Rufinus, duumvir de Vienne, qui avait supprimé sans autorisation un concours de gymnastique ; procès d'Ariston, un éphésien, en butte à des délations sans fondement ; procès de Galitta, femme d'un tribun militaire, qui trompait son mari avec un centurion; procès de Sempronius Rufus, chevalier romain, et d'Eurythmus, affranchi de l'Empereur, dénoncés comme auteurs de faux codicilles par les héritiers naturels de Julius Tiro qui ne maintinrent pas leur plainte; procès du gouverneur Lustricius Bruttianus faussement accusé par son légat Montanus Atticinus ; procès du calomniateur. Ce relevé du rôle d'audience démontre que l'Empereur n'associait pas son conseil privé à la haute direction des affaires publiques, qu'il le réunissait à ses heures de loisir pour séduire par son aménité, sa courtoisie, sa simplicité, quelques sommités ou notabilités sociales très flattées d'un séjour quasi-intime à la cour. Tel est bien le sentiment, l'impression que rapporte Pline quoiqu'il affecte de prendre au sérieux sa mission judiciaire : « Appelé « par notre Empereur à Centum-Cellae pour y faire partie du « Conseil, j'ai goûté le plus grand plaisir. Quoi de plus « agréable que de voir la justice, la sagesse, l'affabilité du « prince dans la retraite où ces qualités se révèlent le mieux? « Nos occupations étaient suivies des plus plaisants délas« sements. Tous les jours, nous dînions à sa table, table « frugale si l'on songe qu'elle est impériale. Parfois nos « oreilles étaient charmées par des divertissements de toute « sorte; parfois la nuit se prolongeait dans les plus aimables « causeries. Au moment de notre départ, l'Empereur (tant « sa courtoisie est attentionnée !) nous fit remettre des « présents. Je reviens ravi de l'aménité, de la simplicité, de « l'intimité d'un pareil accueil. »

Ayant longtemps habité Rome où il exerça le consulat en 63, Virginius Rufus, tuteur testamentaire de Pline, avait conçu le plus profond dégoût pour la vie crapuleuse de

Néron ; mais préposé au commandement de la Germanie, il attendait en silence les lassitudes des honnêtes gens lorsque, à la fin d'avril 68, il reçut un double message. Vindex, gouverneur de la Lugdunaise, avait abandonné son poste pour soulever contre l'Empereur les Séquanes, les Eduens, les Arvernes et assiégeait Lyon demeuré fidèle à la cause de Néron. Les Lyonnais appelèrent à leur secours les troupes de Germanie ; Vindex, de son côté, sollicita une conférence de Virginius Rufus en lui adressant sa soumission à l'unité de la domination romaine. Les armées se rencontrèrent aux portes de Besançon. Les généraux engagèrent immédiatement des pourparlers en vue d'une restauration de la République. Mais les légions avides de vengeance ou de butin se jetèrent sur les milices ; vingt mille Gaulois périrent. Vindex désespéré se tua. A la nouvelle de la mort de Néron, les légionnaires proposèrent la succession à Virginius Rufus. Il refusa, estimant, au point de vue de la légalité, qu'il appartenait au Sénat seul d'élire un Empereur et à son point de vue qu'il ne convenait pas à un républicain d'accepter un trône. Il demeura inébranlable quoique les tribuns tirassent leurs épées en criant « Ou l'Empire, ou la mort. » Galba, auquel il n'adhéra pas, le destitua de son commandement. Othon en fit un consul et lui confia une armée. Après le suicide d'Othon, il fut de nouveau acclamé Empereur par ses troupes qui en arrivèrent à l'injurier et à l'assiéger chez lui pour vaincre sa résistance. Tout fut inutile. Aussi devint-il à ce point détesté que les promoteurs de sa candidature demandèrent sa tête à Vitellius qui répondit du reste par un refus. Revêtu d'un troisième consulat dès l'avènement de Nerva, il succomba peu après aux suites d'une chute accidentelle. Sa mort fut un deuil public. Tacite prononça son éloge funèbre.

Le vieux général s'était retiré à Alsium dans une villa qu'il surnommait le *petit nid de sa vieillesse*. Il avait laissé des instructions pour qu'on lui élevât à cet endroit un tombeau dont il avait rédigé l'épitaphe en vers (tous les généraux en retraite se piquaient à cette époque de poésie) :

Ci-gît Rufus, dont la victoire
De Vindex punit l'attentat,
Et qui ne voulut d'autre gloire
Que la liberté de l'État.

Or la villa étant devenue la propriété de la belle-mère de Pline, le premier soin du pupille fut de visiter le monument funèbre de son illustre tuteur. Il constata avec étonnement et douleur qu'il demeurait inachevé. « Je me sens pénétré d'indignation et de pitié quand je vois, dix ans après sa mort, abandonnés sans inscription, sans nom, les restes d'un homme dont le glorieux souvenir remplit l'univers. » Et d'un pareil affront à de tels mânes il tira cette conclusion personnelle : « Les amitiés sont si rarement fidèles, les morts sont si vite oubliés, qu'il faut anticiper sur les devoirs de ses héritiers, élever soi-même son propre tombeau. »

Alsium, séjour aimé du patriciat romain, à cause de sa proximité de Rome (10 lieues) et du voisinage de la mer, Alsium qu'habitèrent Pompée le Grand et Antonin le Pieux, que Fronton, précepteur de Marc-Aurèle, qualifiait de *voluptarius locus*, est remplacé par le pauvre village de Palo dont tout le luxe consiste dans quelques maisonnettes de baigneurs bourgeois; du passé, il ne subsiste que les débris d'un môle. Que de fois, en accompagnant Pline, nous ressentons cette tristesse de découvrir des existences silencieuses, étriquées et mornes où régnèrent le bruit, la fortune, le plaisir ; d'apercevoir des hameaux au lieu de villes, des décombres au lieu de châteaux !

Au temps de Domitien, le courtisan Martial dédiait ses épigrammes à Proculus, favori de l'Empereur. « Mon livre, va saluer ; prends à ma place le chemin de la magnifique demeure de Proculus. — Quelle route faut-il suivre ? — Je vais te le dire. Tu passeras le long du mur du temple de Castor, etc. » Après Domitien, l'épigrammatiste démarqua l'épître à Proculus pour l'approprier à Pline, favori du nouveau régime. « Thalie, ma Muse, va offrir à l'éloquent Pline une œuvre indigne de sa science et de sa gravité, mais qui n'est point pourtant dépourvue d'élégance. Une fois Suburra franchie, un court labeur triomphe du chemin montant. Là tu apercevras d'abord Orphée glissant sur un faîte mouillé, puis la petite maison de ton ami Pédo sur le fronton de laquelle a été sculpté un aigle. Alors va frapper à la porte diserte de Pline à l'heure qui te convient. » Pline s'est borné à nous dire qu'à Rome il demeurait aux Esquilies; Martial logé à l'extrémité méridionale du Quirinal donne tous les renseignements complémentaires. Avec les plans de la ville ancienne et de la ville moderne, nous emboîterons le pas de la commissionnaire. *Olim*: elle descendra le mont Quirinal, franchira la plaine suburrane, puis sans atteindre le sommet de l'Esquilin, elle montera jusqu'au *nymphaeum* d'Orphée. [Le *nymphaeum* était une vaste pièce décorée de colonnes, de statues, de peintures, ayant au milieu une fontaine jaillissante]. Là, aux confins de la troisième région, *Isis et Serapis Moneta*, et de la cinquième, *Exquilina*, mais sur le territoire de cette dernière, elle apercevra l'hôtel où elle doit déposer son élégant colis. *Nunc*: à la descente du Quirinal, elle traversera la via Venti Settembre, prendra la via Consulta, traversera la via Nazionale, suivra la via dei Serpenti, puis la via Leonina et après avoir franchi la via Cavour, remontera la via Santa Lucia in Selci que domine Sainte Marie Majeure. Quand elle atteindra la petite église Santa Lucia in Orfeo, elle sera parvenue à destination, ou du moins bien près de l'être. M. Joseph de Gatteschi, l'érudit architecte-archéologue romain, auquel je suis présenté par l'un de ses jeunes confrères de la Villa Médicis, me confirme l'exactitude de cet itinéraire. Il emprunte un plan de Rome à sa collection plinienne si riche en brochures, en cartes et en gravures. La maison de Pline y est indiquée par un trait rouge aux abords de Santa Lucia in Orfeo.

Entourée d'un simple jardin en partie conquis sur le rivage, la villa de Pline à Laurente ne constitue qu'une propriété d'agrément, mais, quoique le propriétaire la nomme *villula*, une propriété des mieux aménagées, des plus vastes, un véritable château, comme en témoignent les plans de Hirt et de Magoun, la restitution de Canina. Pour en fixer l'emplacement, nous avons cinq points de repère fournis par l'épistolier : 17 milles de Rome — on peut s'y rendre par la *via ostiensis* ou la *via laurentina*, mais il faut quitter la première au onzième mille, et la seconde au quatorzième — territoire de Laurente — voisinage d'Ostie — bord de la mer tyrrhénienne. Suivant M. Boissier, ces données auraient un tel caractère de précision que « avec un compas, on peut marquer exactement la place sur une carte bien faite. » Ce qui n'a pas empêché, ce qui n'empêche pas les archéologues et les lettrés de porter leurs recherches et leurs discussions sur un espace de neuf kilomètres, entre Castel Fusano, propriété du Prince Chigi, et Torre di Paterno (Laurentum, Romanae Urbis incunabula). Avec l'illustre auteur des *Promenades archéologiques*, avec M. Holbrooke et mon excellent ami J. H. Westcott, de l'Université de Princeton, j'opte pour le lieu dit *la Palombara* dans cette forêt de Castel Fusano dont M. Émile David, en un tableau du musée Arlaud de Lausanne, a si bien rendu les marécages, les pins à tête ronde, les sangliers. Mais quelle douleur éprouveraient Pline et Calpurnia s'ils revoyaient dans son état désolé cette côte qui présentait jadis l'aspect d'une multitude de villes, tant les maisons de plaisance s'y succédaient contiguës ou séparées ! Des dunes de sable, tumoletti, s'étendent à perte de vue. Quelques pêcheurs jettent des filets, leurs barques sont échouées mélancoliquement, et je n'aperçois que des cahutes de branchages. Où êtes-vous portique si gai qui conduit à la cour intérieure; galerie voûtée qui regarde la mer; salle à manger près de laquelle les vagues viennent mourir; rotonde éclairée par tous les soleils; baignoires si larges qu'on y pourrait nager; tour du levant, tour du couchant; jeu de paume toujours frais aux plus chaudes journées; vigne tendre qui ploie sous les pieds nus; parterre parfumé de violettes; allée tournante ourlée de buis et de romarins?

Le 5 février 63, le Vésuve qui, depuis des milliers d'années, avait cessé de faire parler de lui, recommença à s'agiter. Ses commotions souterraines, qui n'allèrent pas jusqu'à l'ouverture d'un cratère, détruisirent presque entièrement Herculanum et Pompéi. Les deux villes s'étaient déjà relevées de leurs ruines lorsque le 23 août 79 apparurent au-dessus du volcan des phénomènes inquiétants. Pline l'Ancien, préfet de la flotte prétorienne, se trouvait alors avec sa sœur Plinia et son neveu Pline le Jeune au promontoire

Misène qui forme l'extrémité du golfe de Naples à quinze kilomètres Sud-Ouest de la ville. A 1 heure de l'après-midi, après avoir pris, car il vivait de régime, ses bains coutumiers de soleil et d'eau froide, il s'était jeté sur un lit où il lisait en déjeunant, car il était un liseur inlassable. Plinia l'avertit qu'il venait du côté du Vésuve une nuée, tantôt blanche, tantôt noire et tachetée, semblable à un pin gigantesque dont la tête atteindrait 3000 mètres de hauteur. La première pensée de Pline l'Ancien fut une pensée de savant, non d'amiral : « Sa haute science tint à se rendre compte de près d'un phénomène aussi considérable. » Il fit appareiller une *liburna* de service (petit bâtiment très allongé, à voile levantine, terminé en une pointe mince à l'avant comme à l'arrière), et voulut emmener son neveu, qui refusa, préférant achever un travail littéraire que son oncle lui avait donné. A peine sortait-il qu'il reçut un billet de Rectina. La femme de Tascus réclamait son secours; sa villa étant située au pied du Vésuve, elle ne pouvait s'échapper que par la mer d'un péril qu'elle jugeait imminent. A la lecture de cette lettre, l'amiral compléta son projet et ajouta le devoir professionnel au désir de s'instruire. Pour secourir non seulement Rectina, mais tous les châtelains d'une côte peuplée de châteaux, il fit préparer plusieurs galères à quatre rangs de rames. Il monte sur l'une d'elles et se dirige en hâte « vers les lieux d'où tout le monde s'enfuyait. » La science ne perdant pas ses droits, il étudie, note, dicte tous les mouvements, toutes les formes du fléau. Déjà sur ses vaisseaux volait une cendre plus chaude et plus épaisse à mesure qu'on avançait; des éclats de rochers, des pierres calcinées, tombaient autour de lui; le fond de la mer se soulevait; le rivage devenait inaccessible en raison des amas de pierres qui le couvraient. On avait alors atteint la moitié du golfe.

Le pilote conseillait le retour à Misène. Pline hésita, puis dit : « La fortune favorise le courage; gagnons Stabies. » A Stabies où, poussé par le vent, il parvient à aborder, il trouve son ami Pomponianus dans le plus complet effroi. Il l'embrasse, le rassure et pour lui prouver sa propre tranquillité, reprend un bain, dîne gaîment, va se coucher, s'endort. Les sentinelles placées à sa porte l'entendent ronfler. On le réveille ; la cour d'accès aux appartements se remplissait d'un tel tas de cendres et de pierres que s'il fût demeuré plus longtemps dans la chambre il lui eût été impossible d'en sortir. On délibère. Faut-il gagner le rivage et s'exposer ainsi à la chute des pierres? Faut-il rester dans l'intérieur de la villa et s'exposer ainsi à être écrasé par les bâtiments qu'ébranle le tremblement de terre ? On opte pour le premier parti après s'être attaché sur la tête qui des serviettes ou des draps, qui des coussins, ou des oreillers ; mais la mer démontée ne permet pas de s'embarquer. Il règne la nuit la plus noire uniquement éclairée par les torches des fugitifs et l'immense incendie du Vésuve. Le volcan s'est ouvert un cratère ; la lave déborde par ses fissures ; les gaz combustibles s'enflamment au contact de l'air. Fatigué par la marche, car il est asthmatique et de forte corpulence, Pline jette un drap sur le sable, s'y étend, demande de l'eau froide, en boit deux fois. A ce moment les flammes, précédées d'une odeur de soufre, paraissent s'approcher. Chacun s'éloigne en courant. L'amiral se redresse, s'appuie sur deux jeunes esclaves et retombe asphyxié par l'acide carbonique. Il avait cinquante-six ans.

Revenons à Plinia et à son fils demeurés à Misène. Après le départ de l'amiral, Pline le Jeune continue l'étude qui l'avait empêché de le suivre, puis se baigne. Mère et fils dînent ensemble et vont se coucher. Le bruit effroyable d'un tremblement de terre les réveille au même instant, et tous deux se rencontrent levés, habillés, allant s'éveiller mutuellement. Ils s'assoient dans la cour et ce petit jeune homme de dix-sept ans, soit par forfanterie soit par ignorance du danger, se met à faire paisiblement des extraits de Tite-Live, malgré les blâmes réitérés d'un ami de son oncle. Mais à 7 heures du matin, la maison, comme toutes les maisons voisines, est ébranlée par de telles secousses qu'une fuite immédiate s'impose sous peine d'être enseveli sous des décombres. On charge les bagages sur des voitures, elles sont entraînées dans tous les sens ; les plus fortes pierres ne parviennent pas à les maintenir en place. La mer paraît refoulée sur elle-même ; de multiples poissons restent à sec sur le rivage agrandi. Des flancs entr'ouverts d'une nuée noire, horrible, s'échappent de longues traînées de flammes, semblables à d'énormes éclairs. L'obscurité s'épaissit, analogue à celle d'une chambre dont toutes les lumières seraient éteintes. On n'entend que les appels des familles, se reconnaissant uniquement à la voix, les gémissements des femmes, les sanglots des enfants, les cris des hommes: « Il n'y a plus de Dieux ; c'est la dernière nuit, la nuit éternelle qui doit anéantir l'univers. » On serait étouffé, écrasé si l'on ne secouait à chaque instant la pluie de cendres qui tombe sur les épaules. La mère conjure son fils de hâter le pas, de se sauver de quelque manière que ce soit « A ton âge, la fuite est aisée ; quant à moi, affaiblie et appesantie par les années, je périrai contente si je ne suis pas la cause de ta mort. » Le fils de répondre, en l'entraînant par la main à travers la campagne : « Ou je me sauverai, ou je mourrai avec vous. » Enfin, avec les lueurs blafardes d'une éclipse, le soleil reparaît montrant l'horizon entier recouvert d'un manteau de cendres qui rappelle les manteaux de neige des journées d'hiver. Pline le jeune et sa mère regagnent leur habitation de Misène où ils passent une nuit anxieuse à s'interroger sur le sort de leur frère, de leur oncle. A l'aube du 25 août, ils se mettent à la recherche de l'amiral et le retrouvent sur le rivage de Stabies dans l'attitude du sommeil plutôt que de la mort. Son corps, ses vêtements étaient intacts.

Ces récits sont extraits de deux lettres émouvantes de Pline le Jeune. Tacite les lui avait demandées pour en utiliser les détails dans ses *Histoires*. Évidemment il dut élargir le cadre forcément étroit de l'épistolier dont le seul but était de raconter la mort de son oncle, les dangers courus par sa mère et par lui-même ; mais nous avons perdu cette partie de son œuvre. Cette perte, que Bulwer Lytton le romancier, Méry le librettiste, David le musicien, Leroux le peintre ont vainement tenté de réparer, est compensée par les tableaux qui restent sous nos yeux.. Stabies, Oplonte, Tegianum, Taurania, Coses, Vésiris et Herculanum, en presque totalité, demeurent enfouis sous 80 pieds de boue. Quant au linceul de cendres et de pierres ponces qui ensevelit Pompéi épargnée par la lave il est aujourd'hui soulevé dans la proportion des deux tiers. Et la réalité apparaît, dans son horreur, supérieure à toutes les narrations, à toutes les partitions, à toutes les peintures humaines : des maisons, des monuments sans toitures, n'ayant plus que les quatre murs; un silence, une solitude, une désolation qui serrent le cœur; huit ou neuf cents squelettes redisant par leurs gestes, leurs attitudes moulés, les préparatifs de la fuite, les angoisses de la peur, les souffrances de l'agonie. Pline n'en est pas moins l'historien unique du cataclysme épouvantable de 79. Ses lettres à Tacite forment le préambule obligatoire de tous les ouvrages sur Pompéi, de Raoul Rochette, Fiorelli, Garrucci, Marc-Monnier, Mau, Boissier, Gusman. En 1901 M. Édouard Jammy, consul honoraire de France à Castellamare, ayant cru découvrir les squelettes de Pline l'ancien et de ses esclaves sur les bords du Sarno, à un kilomètre de Pompéi, provoqua un débat dans lequel intervinrent MM. Cosenza, Cannizzaro, E. Thomas, le Pungolo et le Corriere di Napoli, le journal des *Débats*, le journal de Genève. C'est par les lettres de Pline que MM. les Professeurs Sogliano de Naples, Ramorino de Florence répondirent en souriant à mes interrogations sur les mérites respectifs des arguments échangés : « Mera fandonia, mera fantasia la scoperta dello scheletro di Plinio presso Pompéi. Que M. le Consul veuille bien se reporter au témoignage si précis de Pline le Jeune. Pline l'ancien est mort à Stabies ; son corps y a été retrouvé intact. Et comment ferions-nous au neveu l'injure de supposer qu'il ait refusé la sépulture à son oncle ? »

∴

L'Italie est pour le voyageur et d'un intérêt intarissable, et d'un intérêt multiple. Quel tort grave, mais combien fréquent, de prétendre épuiser, accumuler tout au moins, dans un seul voyage, les émotions et les enseignements de l'Italie de la nature, de l'Italie classique, de l'Italie des artistes, de l'Italie des papes, de l'Italie contemporaine ! A courir dans une même journée d'un site à un autre, d'une ruine à une autre, d'un musée à un autre, d'une église ou d'un palais à un salon, d'un salon ou d'un palais à une église, on additionne les courbatures d'esprit avec les courbatures du corps. Les admirations de commande s'entremêlent d'un bâillement ; elles ne correspondent à aucun sentiment réel, profond, durable. Si, en crainte des satiétés éventuelles, on souhaite le piment de la variété, elle doit être précédée de discernement, de prudence, accompagnée de mesure. L'Italie n'est point un pays qui s'étudie, se comprenne en poste, à la vapeur ; elle exige les petites étapes et les grands séjours. Elle réclame en outre, pour sa partie intellectuelle, des guides de première main, non les résumés superficiels ou dogmatiques d'un Joanne ou d'un Baedeker. Entre autres livres glissons toujours dans notre valise quelque écrivain latin, ou éminent comme Tacite, ou moyen comme Pline, ou médiocre comme Suétone, ou même mauvais comme Capitolin, Spartien, Lampride. Il réveillera nos vieux souvenirs endormis ; rendra à l'antiquité romaine cette vie que ne surent pas lui donner les chaires du collège ; servira de centre, de ralliement ou de prétexte à nos lectures, à nos promenades, à nos réflexions ; nous conduira là où ne vont pas les cookistes. Et les cookistes oublient le très sage conseil de Bourget : « Pour bien connaître l'Italie, il faut s'aventurer dans la campagne. »

Mayenne, Imprimerie CH. COLIN.

Mayenne, Imprimerie Ch. COLIN

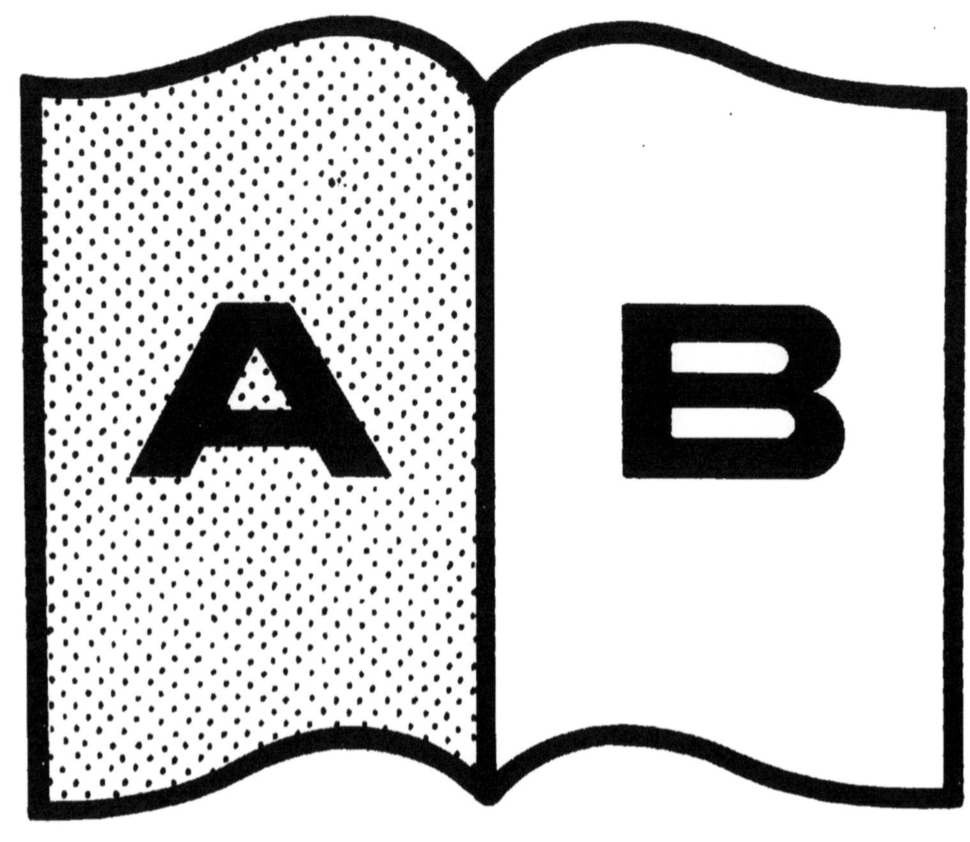

Contraste insuffisant

NF Z 43-120-14

www.ingramcontent.com/pod-product-compliance
Ingram Content Group UK Ltd.
Pitfield, Milton Keynes, MK11 3LW, UK
UKHW020523230726
13925UKWH00005B/2221

9 782013 668743